Jean Pierre Lehmann

Der Liederkranz

Jean Pierre Lehmann

Der Liederkranz

33 Gedichte aus der Quarantäne

Eine Gedichtsammlung

Bibliografische Information der Deutschen Nationalbibliothek:

Die Deutsche Nationalbibliothek verzeichnet diese Publikation in der Deutschen Nationalbibliografie; detaillierte bibliografische Daten sind im Internet über www.dnb.de abrufbar.

Herstellung und Verlag: BoD – Books on Demand, Norderstedt

ISBN: 978-3-7526-2066-5

Für Oma,
wem sonst als Dir.

Inhalt

Dichterisches Vorwort

Wir hab'n besond're Zeiten jetzt,
Ein Virus, das gibt uns den Rest.
Geredet wird nun viel davon,
Das nicht nur im edlen Salon.
So schreibe ich auch hier etwas,
Für euch sein soll es ein Fernglas.
Mit dem ihr könnt von weitem schau'n,
Ich hoffe ihr tut mir vertrau'n.
Nun wünsch ich euch viel Spaß damit,
Auf das es euren Geist durchschnitt.

Desinfektia

Sie schützt uns an Tagen,
Die wir nur schwer ertragen.
Sie reinigt unsre Haut,
Mit ihrem klaren Hauch.
Sie reinigt auch die Flächen,
Welche sind Verstecke
- Verstecke für den Feind.

Sie wird jetzt hoch geachtet,
Wo vorher sie blieb ungenutzt.
Sie verfügt über eine Kraft,
Die man nicht leugnen mag.
Sie hilft uns da weiter,
Wo unser Körper kann es nicht
- es nicht abwehren.

Sie ist begehrt, geliebt
Nun überall.
Sie wird gekauft in Massen,
Welche sind kaum zu fassen.
Sie fehlt an vielen Stellen,
Da die Engpässe kommen
- kommen überall.

Sie wird nun geboren,
Wo vorher wurde Schnaps gebrannt.
Sie ist erst flüssig in der Flasche,
Dann als Nebel in der Luft.
Sie, die Tochter der Hygieia,
Steht uns bei in tiefster Not
- Not, die wir nicht kannten.

Bunter Garten

Drinnen können wir nicht mehr lang verweilen,
Zu eng, zu dicht steht man dort beisammen,
So drängst die Leut' nach draußen,
Nach draußen in den Bunten Garten,
Wo die Farben locken
Und der Herbst sich zeigt im frohen Gewand.

Draußen da können wir lang verweilen,
Weit verteilt steht man dort beisammen,
So drängst die Leut' nach draußen,
Nach draußen in den Bunten Garten,
Wo die Farben locken
Und der Herbst sich zeigt im frohen Gewand.

Natur können wir sehen überall,
Hier ein Vogel, dort ein Beerenstrauch,
So drängst die Leut' nach draußen,
Nach draußen in den Bunten Garten,
Wo die Farben locken
Und der Herbst sich zeigt im frohen Gewand.

Von droben her fallen die gefärbten Blätter,
Hinab auf die grüne Wies' - welch Farbenspiel,
So drängst die Leut' nach draußen,
Nach draußen in den Bunten Garten,
Wo die Farben locken
Und der Herbst sich zeigt im frohen Gewand.

Doch zwischen rot und grün und gelb,
Da hängt noch eine Stimmung, die nicht vergehen mag,
So drängst die Leut' nach draußen,
Nach draußen in den Bunten Garten,
Wo die Farben locken
Und der Herbst sich zeigt im frohen Gewand.

Tauben

Gurrend laufen Sie umher,
Mit schnellen Schritten durch die Stadt.
Suchend nach Futter picken sie,
Auf gepflasterte Böden drauf.
Ohne rechtes Ziel, da irren sie umher,
Masken tragen sie nicht.

Sprechend laufen sie umher,
Mit schnellen Schritten durch die Stadt.
Suchend nach Kleidung stöbern sie,
In gefüllten gefüllten Läden herum.
Ohne rechtes Ziel, da irren sie umher,
Masken tragen sie nicht.

Viersen im Regen

Zu Fuß da kommt man von weither,
Da die Busse jetzt nicht fahren.
Und es regnet vom Himmel sehr,
Dass die Sicht wird langsam schwer.

Doch von weither sieht man noch den Turm,
Den der Grabeskirche.
In die man flüchtet vor dem Nass,
Natürlich mit dem Maskenspaß.

Als der Regen sich verdünnt,
Wagt man sich hinaus,
Mit geschwindem Schritt
Zur Einkaufsstraße.

Da wo viele Menschen sind
Und man Maske tragen muss.
Doch vielleicht der Regen kann das Viruskind
Mit sich auf den Boden nehmen?

Zugfahrt

Es fährt der Zug durchs Land,
Von Nord nach Süd, von Ost nach West.
Wie immer scheint es doch zu sein?
Doch nein!

Wie immer lässt sich nicht mehr sagen.
Von heut' an gilt es anders, anders als zuvor.
Nur die Züge fahr'n wie immer, fahren wie zuvor.

Sie rattern auf den Gleisen,
Nur wen'ger voll als sonst.
Man traut sich nicht mehr oft zu reisen,
Gefürchtet wird der Menschen Feind.

Manche scheint es nicht zu kümmern,
Was in der Welt geschieht.
Sie achten nicht auf Regeln,
Die man so schnell erließ.

Der Schutz der andern ist nicht wichtig,
Da sie nur auf sich bedacht,
Doch sie werden schon noch sehen,
Was das Ganze mit ihn'n macht.

Marathon

Laufen, laufen immerfort,
Auch wenn es schmerzt, oh noch so stark.
Was zählt, das ist das Ziel,
Selbst wenn man es nicht sehen kann.
Sehen tut man vieles nicht,
Was da noch kommt und
Was auch nicht.
Dennoch heißt es immer weiter,
Nicht für dich und nicht für mich,
Für uns alle soll es sein,
So komm auch du und reih dich ein!
Lauf mit uns den weiten Weg,
Von dem man nicht das Ende sieht.
Bis dahin muss man sich bewähren,
Zeigen was man wirklich kann.
Es ist noch weit so streng dich an!
Gib alles, was du geben kannst.
Vertraue dir und deinen Kräften,
Die dich weiter tragen können.
Für alle wird es langsam schwer,
Den Grenzen kommt man immer näher.
Doch haltet durch,
Das Ziel, das kommt,
Näher und näher mit jedem Schritt.
Ein letzten Berg gilt es zu zwingen,
Hoch und steil ragt er hinauf,
Aber wenn ein jeder hilft dem andern,
Dann ist die Arbeit schnell getan.
Nur ein kurzer Weg liegt nun noch vor uns,
Das Ziel zum Greifen nah.
Gebet auf den letzten Metern,

Alles, was ihr geben könnt,
Damit alles wieder kommt, wie's war
- „Normal“ soll's wieder werden.

Einsamkeit

Zuhause und niemand ist da,
Außer du selbst.

Aus dem Fenster schaust du,
Menschen zieh'n vorüber,
An dir vorbei.
Sie schauen nicht nach links und rechts,
Schauen geradeaus das Ziel vor Augen,
So fragst du dich, was das deine sei.
Eine Antwort find'st du nicht.
Find'st du nicht oder willst du nicht?
Willst du schon, doch traust dich nicht.
Nun geh' hinaus du Taugenichts!

Draußen und niemand ist da,
Außer du selbst.

Auf den Straßen schaust du,
Menschen zieh'n umher,
Mit dir zusammen.
Du schaust nicht nach links und rechts,
Schaust geradeaus, kein Ziel vor Augen.
So bist du doch allein mit allen andern
Und wanderst umher.
Jetzt weiter oder heimwärts wandern?
Weiter willst du, doch traust dich nicht.
Nun geh' nach Haus du Taugenichts!

Zuhause und niemand ist da,
Außer du selbst.

In den Spiegel schaust du,
Ein Mensch steht dort,
Nur du allein.
Du schaust nicht nach links und rechts,
Schaust geradeaus, das Ziel vor Augen.
So hast du auch deines nun gefunden.
Eine Antwort weißt du jetzt.
Jetzt losgeh'n oder hier verweilen?
Losgeh'n willst du, doch traust dich nicht.
Nun geh' hinaus du Hoffnungslicht!

Draußen und niemand ist da,
Außer du selbst,
Doch dir gefällst.

Die Burg

Schützen tun uns diese Mauern,
Die nun werden schnell gebaut.
Verhindern tun sie schlimme Dinge,
Die da mögen kommen oder nicht.
Es wird sich zeigen, was sie nützen,
Und ob sie wirklich schützen,
Den der sie gebaut.
Niemand rein und niemand raus!

Einsperren tun uns diese Mauern,
Die nun werden schnell gebaut.
Verhindern tun sie schöne Dinge,
Die da mögen kommen oder nicht.
Es wird sich zeigen, wie sie uns beschränken,
Und uns weit weg lenken,
Den der sie gebaut.
Niemand rein und niemand raus!

Zeit

Sie ist entscheidend in allen Belangen,
Man braucht sie immer,
Doch hat sie oft nicht.
Sie rinnt davon, wie Wasser im Bache,
Vergeht so schnell, aber auch so langsam.
Sie ist immer und wird immer sein.

Nunmehr da hat man sie in Massen,
Denn der Raum ist uns genommen.
Was uns jetzt an Raume fehlt,
Hab'n wir nun an Zeit.
Diese gilt es gut zu nutzen,
Mit den Dingen, die uns Freude bringen.

Aber was für Freude mag das sein,
Ohne Raum zum drüber Freuen?
Diesen Raum gilt es zu schaffen,
Ist er noch so klein.
Hat man dies, dann hat man vieles,
Vieles zum darüber freuen.

Da vergeht die Zeit im Fluge,
Schneller als zuvor.
Durch den kleinen Raum der Freude,
Verbreitet sich das Schön der Welt,
Die da draußen uns so fehlt
Und das ganze Leid vertilgt.

Himmelswasser

Klarer ist nichts auf der Welt,
Reiner ist nichts auf der Welt,
Als der Regen,
Der dem Leben Kraft verleiht.

Das Wasser brauchen alle,
Überall da strebt man danach
Und freut sich, wenn das Elixier
Fällt hernieder auf der Menschen Glieder.

Vom Himmel kommt es
Und zum Himmel kehrt es zurück,
Ein Kreislauf ohn' Unterlass,
Egal, ob's Tag, ob's Nacht.

Das Wasser, die Luft, die Körper,
Welche werden gereinigt,
Durch des Himmels Wasser,
Welches kommt von höchster Stelle.

Freiheit gibt der Regen einem,
Lässt fühlen die Naturgewalt,
Manchmal sanft und manchmal hart,
Doch eines immer – von oben.

Leider gibt's Dinge,
Wo der Regen nicht mehr helfen kann,
Dann muss der Mensch sich selber helfen,
Tun was er kann.

Irgendwann da muss er dann
Doch einmal die Welt verlassen,
Zurück lässt er wahrscheinlich nichts,
Nur der Regen, der wird weiter rieseln.

Dampf und Schaum

Der Dunst des Wassers steigt herauf,
Aus der Wanne runden Bauch.
Auf den Fliesen setzt er nieder,
Einen feuchten Hauch,
Dieser wächst und bildet Tropfen,
Welche rinnen die Wand hernieder
Und sammeln sich am Boden wieder.

Auf des Wassers Oberfläche,
Schwimmt ein Berg aus weißen Blasen,
Die da funkeln in allen Farben.
Unaufhörlich platzen sie,
Verschwinden, dass der Berg wird kleiner.
Irgendwann da ist er weg,
Das Wasser kalt und alles alt.

Theater

Zu ist jetzt das Schauspielhaus,
Die Ränge leer, das Licht geht aus.
Zu riskant sei jetzt das Bühnenspiel,
Dies zu verbieten war das Ziel.

Leer steht nun das große Haus,
Ganz in Dunkelheit getaucht.
Nichteinmal ein kleines Licht,
Das den Saal zum leuchten bringt.

Kein Goethe und kein Schiller mehr,
Kein Brecht und auch kein Gryphius.
Die Bühne bleibt nun länger leer,
Als den meisten lieb es ist.

Nun wird geschaut, wie lang es dauert,
Bis man wieder öffnen kann.
So hofft man, dass ein Weihnachtsspiel,
Im Dezember wieder möglich ist.

Trotzdem hab'n wir noch Theater,
Das da aus der Hauptstadt kommt.
So unterhaltsam aber ist es nicht,
Man könnte mein'n ein Trauerspiel.

Die Mimose

Zart sind ihre Blätter und beweglich noch dazu,
Wird sie mal berührt, dann schnappt sie einfach zu.
Wenn das Licht erstrahlt, dann sind die Blätter offen,
Wenn der Schatten herrscht, dann sind sie geschlossen.

Dicht steh'n ihre Triebe und mit Dornen noch dazu,
Streift man sie mit leichtem Zug,
Dann lässt sie ihre Sprosse hängen.
Empfindlich ist die Pflanze, doch das macht sie stärker.

Wie sie so sind auch wir Wesen der Empfindsamkeit,
Die reagieren auf jeden Hauch,
Doch hilft uns das auch?

In dieser schweren Zeit ist jeder doch wie sie,
Denn wie sie sind wir empfindlich,
Nun stört uns viel, was vorher uns nicht stören konnt'.

Die Orangerie

Draußen wird es langsam kalt,
Denn der Winter kommt recht bald.
Erster Frost setzt sich nieder,
Das Eis kommt langsam wieder.
Die letzten Blätter fallen,
Nebel beginnt zu wallen.
Die meisten Tiere schlafen
Jetzt hier im Park des Grafen.
Der Herr sitzt im warmen Haus,
Nur der Gärtner muss noch raus.
Die Bäume soll er hohlen,
Damit sie sich erholen.
Sie sollen nicht erfrieren,
Man will sie nicht verlieren.
Ihre Früchte sind so fein,
Diese gibt man keinem Schwein.

Der Herr Graf spricht zum Gärtner:
„Bring die Bäume zum Pförtner,
Er wird sie dann verkaufen,
Dann hab'n wir was zum Saufen!"
Der Gärtner spricht zum Grafen:
„Das mach ich natürlich brav,
Doch nur, wenn ich's wirklich darf."
„So mach's doch, sonst gibt es Straf!",
Sagt dann der stolze Graf.
„Ich gehorch' auch ohne Straf.",
Erwidert drauf der Gärtner,
Der sich macht auf zum Pförtner.
Dazu muss er zum Torhaus,
Welches steht zum Westen raus.

So macht er sich dorthin auf,
Sucht den alten Pförtner auf.

Als er dann beim Pförtner ist,
Erzählt er von seinem Zwist:
„Ich möcht' zwar gehorchen,
Nicht ihn lassen aufhorchen,
Doch die Zitronen halten
Und nicht ihn lassen walten."
„Da gibt's nur eine Möglichkeit,
Lass uns ihn verwirr'n im Streit.",
Antwortet ihm der Pförtner.
Und darauf sagt der Gärtner:
„Das können wir versuchen,
Lass uns ihn gleich aufsuchen."
So gehen sie zum Schlosse
Und planen eine Glosse.
Sie nehmen die Bäume mit,
Für den gräflichen Auftritt.

Als sie dann im Schlosse sind,
Scheint es wie ein Labyrinth.
Auch wenn das Schloss ist nicht groß,
Sind sie doch völlig planlos.
Die Gänge sind verwinkelt
Und ziemlich abgedunkelt.
Doch sie finden den Grafen,
Bevor er eingeschlafen.
Den Monarchen fragen sie,
Mit bedachter Strategie:
„Wo sollen die Bäume hin?
Wir brachten sie mit hierhin."

„Was soll ich hier mit den Bäumen?
Ich will jetzt lieber träumen!
Schafft die Bäume wieder weg!“,
Sagt der Graf und blickt hinweg.

So bringen sie diese fort,
Hören auf des Grafen Wort.
Bringen sie voll Hysterie
In die alt' Orangerie.
Hier sind Zitronen zu Haus'.
So müssen sie nicht mehr raus,
In die finstre Nacht im Wald,
Wo es ist so bitter kalt.
Auch geht der Gärtner nach Haus',
Denn morgen muss er hinaus.
In der Nacht da stürmt es stark,
Blitze schlagen in den Park.
Plötzlich tobt ein Flammenmeer
Von des Grafen Hause her.
Doch der Diensthof liegt weit weg,
Diener werden nicht geweckt.

Erst am Morgen sehen sie,
Schloss und Graf sind nicht mehr hie.
Der Blitz schlug ins Schloss hinein,
Weil der Turm hoch steht allein.
Der nächste Herr kommt wohl bald,
Baut das nächste in den Wald.
Doch die Zitronen bleiben,
Können noch weiter treiben.
Der Gärtner ist erst mal froh,
Dass die Bäume bleiben so.

Er erntet die Zitronen
Für den, der hier wird wohnen,
Sodass er sie schätzen lernt
Und sie werden nicht entfernt.
Heute ist der Gärtner fort,
„Zitron'n“ war sein letztes Wort.

November

Kalt und trist und grau und dunkel,
So ist der November,
Von allen Monaten der Schlimmste.
Die Menschen ziehen sich zurück in ihre Häuser,
Wo das Licht die Räume erhellt,
Das Licht, das draußen fehlt.

Kalt und trist und grau und dunkel,
So ist der November,
Von Zeit zu Zeit macht sich Trauer breit.
Der Wind zieht durch die Straßen,
Wo keine Menschen sind,
Die Menschen, die zu Hause sind.

Kalt und trist und grau und dunkel,
So ist der November,
Der dieses Jahr noch schlimmer ist.
Ein Virus wandert nun umher,
Wo vorher Freud und Freiheit war,
Die Freiheit, die nun fehlt.

Kalt und trist und grau und dunkel,
So ist der November,
Von allen Monaten der Schlimmste.
Doch schaut der nächste auch nicht besser aus,
Wo die Weihnachtszeit die Leut' erfreut,
Die Weihnachtszeit, die kommt sobald.

Deutschland. Land der Dichter und Denker

Ein Land im Herz Europas,
Das bezeichnet sich so gern,
Als das der Dichter und der Denker,
Und das nun schon seit Jahr'n.

Kultur und Kunst, das hat es ja,
Das auch noch das ganze Jahr,
Doch ist's nicht immer leicht,
Probleme gibt's, die bringt die Zeit.

Eines ja das gibt es jetzt,
Und das gibt es überall,
Überall wo es uns gibt.

In dieser Zeit da wird sich zeigen,
Was den Deutschen wert sie ist,
Die Kultur und all' der Mist.

Gewohnheit

Manche Dinge kehren ständig wieder,
Kommen Tag für Tag in unser Leben,
Geben uns die Sicherheit,
Die man braucht im Strom der Zeit.

Solche Dingen bleiben oft,
Eben wegen ihrer Ständigkeit,
Ungeachtet, trotz ihrer Herrlichkeit,
Die sich erst zeigt im Detail.

Der alte Alltag ist nun fern,
Er wurd' ergänzt durch neue Dinge,
An die wir uns gewöhnen mussten.

Doch ist die große Frage nun,
Ob sie zur Gewohnheit werden,
Die für uns bleibt auf lange Zeit?

Seeblick

Sehnlich erwartet,
Aus der Ferne erblickt,
Schon weither schallend
Den Hang hinauf.

Spannung steigt
Immer höher – hoch auf,
Den Hain erklimmend,
Die Erschöpfung kommt.

Sicht weit raus,
Breitet sich aus – die See,
Zum Sand herunter,
Werd' ich es wieder seh'n?

Fernweh

Zu Hause sitzend eingesperrt,
Träumend von so fernen Orten,
Die man nicht erreichen kann.
Malt sich aus manch' schöne Reise,
Bleibt's doch aber ungewiss,
Ob man wirklich fahren kann.

Gedenken tut man in Enttäuschung
Den Tagen, die vergangen sind,
Wo man war in weiter Ferne.
Sitzt nun da und denk an morgen
Und der Stress, der damit kommt.

Ablassen kann man jetzt nicht mehr
Den Druck, der sich da angestaut
In der Zeit des neuen Alltagsgrau.
Hofft auf baldige bessere Tage,
An den'n man wieder reisen kann.

Immer größer wird das Weh,
Das ein'n in die Ferne zieht,
Die doch unerreichbar scheint.
Überlegt einfach doch zu reisen,
Aber dieses Risiko,
Es bleibt und macht nicht mehr froh.

Luxemburg

Die Stadt, die liegt im Westen,
Find' ich am aller besten.
Für manche ist's unscheinbar,
Für mich ist sie wunderbar.

Die Stadt liegt zwischen Bergen,
Doch tut sich nicht verbergen.
Durch sie fließt ein kleiner Fluss,
Den man einfach sehen muss.

Die Häuser steh'n weit oben,
Auf der schön'n Berge Kronen.
Hier ist Europas Gericht,
Dort steht es in hellem Licht.

Werd' ich dich jemals sehen,
Bitte lass dies geschehen.
Auch wenn es wird noch dauern,
Bis ich überwind' die Mauern.

Morgennebel

Draußen wallen die dichten Nebelschwaden,
Aus des Gasthof's Schornstein steigen Rauchschwaden.
Der junge Wanderer wacht gerade auf,
Er geht schon sehr früh aus dem Hofe hinaus,
Denn er hat noch einen weiten Wanderweg,
Der nicht nur mal eben um die Ecke geht.

Auf den Straßen von Bacharach ist keiner,
Und die Weite der Sicht wird immer kleiner.
Dem Wanderer sprüht der Nebel ins Gesicht,
Doch in der Ferne sieht er des Turmes Licht.
Unbeirrt verlässt er des Städtchens Mauern,
Ohne dass er tut dies wirklich bedauern.

Hinab folgt der Wandersmann des Rheines Strom,
Da ist's ihm plötzlich als sieht er ein Phantom.
Dumpfe Töne er aus dem Wasser vernimmt,
Von der Schemengestalt, die im Rheine schwimmt.
Aber Genaues kann er nicht erkennen,
Der dichte Nebel lässt's ihn nicht benennen.

Weiter läuft er ohne Angst am Ufer lang,
Bis aus dem dunklen Nass ein kleiner Fisch sprang.
Da erschreckt er und fängt zu sprechen an:
„Du kleiner Fisch erschreckst keinen Wandersmann!"
Schnell geht er voran durch den weißen Nebel
Und hält immer stets bereit seinen Säbel.

Bald kommt er an einen großen Fels vorbei,
Es ist das stolze Schlosse der Loreley.
Er kennt zwar die Legenden von jenem Ort,
Aber glaubt er diesen kein einziges Wort.
Dennoch macht der Wanderer kurz eine Rast,
Denn er möchte ihn sehen ganz ohne Hast.

Nach der kurzen Pause geht es wieder los,
Eine Frau sieht er im Walde zwischen Moos.
„Was machen sie zu so früher Stund‘ schon hie?“,
Fragt er sie und spürt dabei etwas Magie.
Er geht zu ihr und sie wandern gemeinsam,
Zwei Tage später fand man seinen Leichnam.

Atheist sein?

Bisher da war es einfach
Zu sagen, dass es ihn nicht gibt.
Man verließ sich auf Gesetze,
Die sagten, warum es dies und jenes gibt.

Nun immer noch erklären
Die Wissenschaften der Natur,
Was in der Welt so vor sich geht
Und warum es dies und jenes gibt.

Aber sie stoßen an Grenzen,
Die ihre Neugier beschränken.
Sie forschen dennoch weiter,
Um zu sagen, warum es dies und jenes gibt.

Jedoch sind nicht alle Wissenschaftler
Und leben doch mit diesen in einer Welt.
Auch stellen sie sich die Frage,
Warum es dies und jenes gibt.

Schwer ist's für uns „Normale"
Zu verstehen wie die Wissenschaft
Jetzt schnell erklärt, so über Nacht,
Warum es dies und jenes gibt.

Da ist es nur verständlich,
Es auf andre Weise zu versuchen,
Die Welt und alles andre zu erklären
Und zu sagen, warum es dies und jenes gibt.

Es ist nicht zu verdenken,
Sich einen Gott zu denken,
Mit dem man sich erklären kann,
Warum es dies und jenes gibt.

Jetzt wird es nur gefährlich,
Wenn sich das Zusammen spaltet in zwei Teile,
Die versuchen auf unterschiedlichste Weise,
Zu erklären, warum es dies und jenes gibt.

In unsrer Welt muss ein jeder sich selbst finden,
Aber auch die andren sich selbst finden lassen,
Sodass sich jeder selbst erklären kann,
Warum es dies und jenes gibt.

L'Ascensione

Da steigt sie in den Aether hinauf,
Ihr Körper in gleißend Licht getaucht.
Der Vater er wartet dort oben auf sie.

Ihre Taten hier waren groß und größer,
Sie gab uns vieles, was wir nicht hatten.
Doch wo sie geht, da wird sie fehlen.
Wer könnt ihre Lücke füllen?
Dies wird sich zeigen bei gegebener Zeit.

Sie geht und eine Lücke bleibt.

Aus den Augen, aus dem Sinn

Der Probleme gibt es viele,
Oft kommen sie von uns.
Sie zu vertreiben bemüht man sich,
Doch das nicht gerade meisterlich.

Die Probleme zu bekämpfen,
Ist das große Ziel,
Dabei wird doch oft vergessen,
Dass es nicht nur eines gibt.

So ist es auch zur jetz'gen Zeit,
In der es vielerlei Probleme gibt,
Dass man eines doch wohl sehr vergisst.

Es ist das Problem,
Das unsre Umwelt hat,
Das geriet nun außer Acht!

Ode an die Künstler/innen

Sie gestalten die Welt mit ihren Werken,
Machen schön, was vorher Grauen war.
Sehen die Welt mit andern Augen,
Sehen, was sonst niemand sah.

Sie machen sichtbar mit ihren Werken,
Das was sonst verborgen bleibt.
Schaffen Werke für die Ewigkeit,
Schaffen, was sonst niemand schaffte.

Sie bilden ab in ihren Werken,
Der Menschen Eigenheiten.
Handeln oft gegen Prinzipien,
Handeln, wie sonst niemand handelte.

Sie zeigen in ihren Werken,
Das was sie im Kopf erdacht.
Denken neue Wege sich,
Denken, wie sonst niemand dachte.

Sie entbehren viel trotz ihrer Werke,
Werden erst posthum berühmt.
Leiden viel im Leben,
Leiden, wie sonst niemand litt.

Sie werden berühmt durch ihre Werke,
hängen in den Museen der Welt.
Bleiben in Erinnerung,
Bleiben, wie sonst niemand blieb.

Die Spaltung der Gesellschaft

Die Gemeinschaft zeigt Risse,
Spaltet sich entzwei,
Doch sind es nicht nur zwei,
In die sie sich nun teilt.

Die Krisen dieser Welt
Und besonders eine,
Die sich gerade zeigt,
Machen es nicht leicht.

Von Tag zu Tag da wird es schwerer
Zusammen sich zuhalten
Mit den vielen andern Menschen,
Die anders alle denken.

Auf der einen Seite jene,
Die das Schicksal lassen wirken
Und sich unterwerfen
Dem großen Schicksalszwang.

Auf der andern Seite jene,
Die das Schicksal hinterfragen
Und sich widersetzen
Dem großen Schicksalszwang.

Dies sind nun zwei Extreme,
Die man besser meiden sollt',
Suchen wir uns doch ein'n Platz,
An dem man uns nicht spalten kann!

Europa

Zuerst zersplittert in viel' Teile,
Bis Rom herkam und es vereinte.
So blieb's zusammen für lange Zeit,
Bis er kam der große Streit.
Das Reich der Römer es zerfiel
Und da blieb dann nicht mehr viel.

Mehr als ein Jahrtausend später
Ist's vereint nun wieder,
Zwar nicht ganz in einem Staat,
Wer weiß wann das wohl kommen mag.
Vermutlich dauert es noch lang,
Der nächste Streit, er zeigt sich bang.

Auf die Probe wird es nun gestellt,
Das Konzept der alten Welt.
Da kann es sein, dass es zerfällt
Oder sich herauf gesellt.
Bald wird jener Weg gewählt,
Der die Zukunft uns bestellt.

Atlas

Die Welt trägt er auf seinen Armen,
Schwer drückt ihn die Last zu Boden,
Dennoch hält er uns nach oben,
Schafft uns einen großen Rahmen.

Sieht er denn, was hier passiert
Oder kann er‘s nur erahnen
Und uns auch nicht warnen,
Wird er vielleicht sogar blockiert?

Das was nun gekommen ist,
Macht die Welt nun wirklich trist,
Dass sie hat noch mehr Gewicht.

Kann er sie noch weiter tragen
Oder muss er sich beklagen,
Dass es nicht mehr weiter geht?

Der Kirchturm

Aus Stein erbaut, steht er da,
Das nun schon seit hundert Jahr,
Wurd' zerstört und auf erbaut,
Mehr als nur das eine Mal.

Könnt so viel erzählen uns,
Was er geseh'n in seiner Zeit
Und er sah so vieles ja,
Doch bleibt er stumm das ganze Jahr.

Wirklich stumm ist er nun nicht,
Lässt ertön'n sein Glockenhall,
Das die ganze Stadt erschall',
Die Stadt, die ganz Zuhause ist.

Die Dinge nehmen ihren Lauf,
Kommen, gehen und bleiben selten,
Bleibt manches als ein andres,
Das uns nicht verlassen will.

So bleibt der gute Kirchturm länger,
Als das böse Viruskind,
Er wird noch stehen, wenn es längst
In den Büchern ist verschwunden.

Dann in hundertzwanzig Jahren
Wird man gedenken unsrer Zeit,
Wird froh sein, dass sie ist vorbei
Und der Turm noch immer steht.

Des Mondes Nachtlied

Still leuchtend steht der Mond am Himmel,
Einsam reitet ein Mann auf seinem Schimmel.
Er reitet durch den finstren Wald
Und hofft er ist zu Hause bald.
Ein wenig dringt des Mondes Schein
In den dunklen Wald hinein.
Im Dickicht sieht er spring' ein Reh
Oder war es eine Fee?

Immer schneller fegt er durch den Wald,
Denn so langsam wird es richtig kalt.
Die Hufe seines Schimmels klingen
Und ihm ist's, als tut der Mond dazu singen.
So blickt er kurz zu ihm herauf,
Doch was geschieht darauf?
Der schnelle Reiter fällt vom Pferd,
Welches macht auch nicht mehr Kehrt.

Der Reiter liegt am Boden nun
Und fragt: „Was soll ich tun?"
Eine Stimme aus dem Wald heraus
Antwortet: „Steh doch auf!"
Der Reiter versucht's, doch schafft es nicht,
Da sagt die Stimme: „Du bist ein Wicht."
Sie kommt heran und hilft ihm auf,
Sie spricht: „Nun geh nach Haus."

Der Weg ist nicht mehr ganz so weit,
Er denk an seine holde Maid.
Schon sieht er den Turm der Stadt,
Der ragt über die Bäume knapp.

Plötzlich rauscht an ihm vorbei
Ein schwarzer Reiter, wie Zauberei.
Er sagt sich: „Diesen Reiter kenn‘ ich nicht,
Zeigte er auch kein Gesicht."

Von der Stadt her hört er Hufe klappern
Oder ist es nur das Entenplappern?
Nein, es ist sein weißes Pferd,
Doch warum machte es jetzt Kehrt?
Er fragt: „Wolltest du zu mir zurück,
Das wäre ja ein riesen Glück?"
Doch das Pferd scheint sehr erschreckt
Und bleibt wohl lieber hier versteckt.

Ohne Schimmel geht er zur Brücke,
Die schließt zwischen Wald und Stadt die Lücke.
Als er vor dem Tore steht,
Kommt er vielleicht schon zu spät.
Wieder rauscht an ihm vorbei
Der schwarze Reiter, wie Zauberei.
So eilt er schneller zu seinem Hause,
Dabei macht er keine Pause.

Als er öffnet die Türe,
Tut er hundert Schwüre.
Doch da ist es längst zu spät,
Der Junge weg, die Mutter geht.
„Umsonst war alles", sagt er sich,
„Denk daran ich liebe dich."
Die Mutter geht nun auch für immer,
Jetzt geht es wirklich nicht mehr schlimmer.

Der Mann will nun auch für immer fort,
Und schreibt auf sein letztes Wort.
„Da ich den Tod ins Haus gebracht,
Geh ich auch fort in dieser Nacht.“
Er sticht das Eisen sich ins Herz,
Doch fühlt er keinen Schmerz.
Des Mondes Schein dringt durch das Fenster
Und das Nachtlied schallt wie Gespenster.

Advent in Quarantäne

Da hat es nun auch mich getroffen
Und ich muss daheim jetzt weilen,
Bis sich zeigt, ob ich es hab,
Das was ich nicht nennen mag.
Zeigen tut sich jetzt noch nichts,
Doch wirklich wissen kann ich's nicht.

Die Zeit vertreib ich mit Dingen,
Die mir wirklich Freude bringen,
Bis sich zeigt, ob ich es hab,
Das was ich nicht nennen mag.
Dennoch bleib ich erst mal froh,
Und das ist auch besser so.

Warten soll ich nun darauf,
Ob sich tun Symptome auf,
Bis sich zeigt, ob ich es hab,
Das was ich nicht nennen mag.
Trotzdem bleib ich nicht Zuhaus',
Manchmal geh ich schon noch raus.

Geh hinaus in Park und Garten,
Schau mir an die Pflanzenarten,
Bis sich zeigt, ob ich es hab,
Das was ich nicht nennen mag.
Draußen schnapp' ich frische Luft,
Bevor ich muss zurück in meine Gruft.

Trotz Lockdown geh'n die Zahlen nicht runter,
So langsam glaub ich unser Schiff geht unter,
Bis sich zeigt, ob ich es wirklich hab,

Das was ich nicht nennen mag.
Doch zeigt sich auch ein Hoffnungsschimmer,
Der Impfstoff kommt wohl doch nicht nimmer.

Geduldig bleiben muss ich nun,
Denn was bess'res hab ich nicht zu tun,
Bis sich zeigt, ob ich es hab,
Das was ich nicht nennen mag.
Aber bleib nicht mehr lange wach
Und nicht nur ich werd langsam schwach.

Dichterisches Nachwort

Ich hoff' meine Dichtungen haben euch gefallen,
Sodass sie waren für euch vielleicht ausgefallen.
Lest sie eventuell auch noch ein zweites Mal,
Bedenkt: dabei lasse ich euch die freie Wahl.